LIGUE

DE LA

Démocratie radicale socialiste

DU DÉPARTEMENT DE LA SEINE

EXPOSÉ

PROGRAMME ET STATUTS

1348

PARIS

IMPRIMERIE BREVETÉE CHARLES BLOT

7, RUE BLEUE

Adresser toutes communications au secrétaire de la Commission exécutive provisoire, le citoyen **Gustave Lagache**, 4, rue Saint-Vincent-de-Paul, à Paris.

LIGUE

DE LA

Démocratie radicale socialiste

DU DÉPARTEMENT DE LA SEINE

———— ❧◦◈◦❧ ————

EXPOSÉ

LU A L'ASSEMBLÉE GÉNÉRALE DES FONDATEURS

LE 28 JANVIER 1886

Par le citoyen Louis Amiable

RAPPORTEUR DU GROUPE D'INITIATIVE

〰〰〰〰〰〰〰

CITOYENS,

La démocratie n'est qu'un vain mot, elle n'est point le gouvernement du peuple par le peuple, si les hommes investis des droits civiques ne sont pas groupés et organisés de manière à délibérer ensemble et à concerter leurs votes.

A défaut de groupement et d'organisation permanente, les citoyens ne peuvent préparer eux-mêmes ni leurs revendications ni leurs choix. Ils dépendent de quelques hommes qui, en temps d'élections, au moyen de comités factices, font illusion à la masse et en disposent au gré de leurs ambitions. Les comités se dissolvent habituellement quand l'élection est faite. S'ils subsistent, ils sont de simples comparses, impuissants à contrôler sérieusement les élus qui se sont servis d'eux et dont ils attendent des complaisances ou des faveurs.

Ces inconvénients, déjà grands avec le scrutin uninominal, ont encore empiré avec le scrutin de liste. Plus que jamais, aux dernières élections législatives, on a vu l'ensemble des électeurs d'un même parti subir des programmes et des choix faits par un petit nombre de meneurs politiques, comme un grand troupeau conduit par quelques bergers. De là vient une lassitude et un découragement dont les meilleurs républicains ne sont pas toujours exempts. C'est ce qui explique, dans une notable mesure, certains échecs subis par la cause républicaine au 4 octobre dernier. Là où ces échecs se sont produits, là où l'œuvre du suffrage universel a été trouble ou incertaine, il n'y avait pas d'organisation, ou il n'y avait qu'une organisation fort imparfaite. Au contraire, dans quelques départements où existait une cohésion depuis longtemps établie, notre cause a eu des succès inespérés.

D'autre part, depuis que l'avènement de la République est devenu définitif, c'est-à-dire depuis sept ans, la politique républicaine a laissé beaucoup à désirer comme méthode, et semble ne pas avoir eu de plan. Pendant cette trop longue période, on a vu trop souvent, soit des agissements empiriques provenant d'un regrettable oubli des principes, soit des revendications intempestives ou mal préparées. On a vu des élections faites sans programme ; d'autres, avec des programmes excessifs et inapplicables. Le bilan de deux législatures ne présente qu'un faible actif de réformes et d'améliorations, ne compensant pas, à beaucoup près, le passif des fautes commises. Telles revendications, qui semblaient sur le point de triompher lorsque le parti de la réaction fut vaincu, n'ont fait que perdre du terrain avec le temps écoulé.

Voilà pourquoi, citoyens, si nous voulons affermir la République sur des fondements indestructibles, si nous voulons avoir des institutions, des lois et des mœurs véritablement démocratiques, il faut aujourd'hui nous organiser et procéder avec méthode.

Pour former l'organisation, les hommes qui ont pris l'initiative de vous réunir vous proposent un programme et des statuts qu'ils se sont efforcés de rendre aussi simples que possible.

Le programme se réduit presque à la triple devise qui nous est chère à tous et qui, complétée par le terme de « solidarité », résume notre *credo* politique. Nous l'avons prise pour base, pour formule fondamentale, à cause de son caractère traditionnel qui la fait remonter plus haut que l'époque où elle fut, pour la première fois, officiellement adoptée. A chacun des trois termes nous avons ajouté de brèves indications, marquant quelques-unes des conséquences qui en précisent la portée démocratique. Et il est à remarquer que celles qui accompagnent le troisième terme, la Fraternité, se rattachent aussi au grand principe de Solidarité.

Ce ne sont point là des solutions. La triple devise

et les indications qui l'accompagnent ne sont pas autre chose, dans leur ensemble, qu'une table des matières ; et chacune des indications est une tête de chapitre. Nous n'avons pas cru qu'il nous appartînt d'écrire les chapitres, de fixer à l'avance les solutions. Ce sera notre œuvre à tous, citoyens, notre œuvre et celle des citoyens en bien plus grand nombre que nous nous agrégerons. Nous ferons nos cahiers, comme ont fait nos pères en 1789 : nous les élaborerons, d'abord, dans nos groupes primaires ; puis, nous les arrêterons dans la délégation centrale formée des représentants de ces groupes.

Les statuts sont un plan d'organisation presque rudimentaire, laissant aux groupes une large autonomie. Leurs dispositions se ramènent à deux objets indispensables : — 1° régler le recrutement des groupes de manière que la collectivité entière soit homogène ; — 2° établir une délégation centrale pour coordonner le travail des groupes et lui donner une plus grande efficacité. Quand ce plan d'organisation aura subi l'épreuve de la pratique, si la majorité des adhérents le trouve défectueux en quelque point, si même elle juge convenable d'y introduire des modifications fondamentales, il lui appartiendra de le faire. Nos statuts sont essentiellement revisables par cela seul qu'aucune clause n'exclut ou ne restreint la faculté de revision.

Nous avons donc voulu, aussi bien pour les statuts que pour le programme, ne pas empiéter sur ce qui doit être l'œuvre de la collectivité elle-même. Ce qu'il fallait, essentiellement et tout d'abord, c'était indiquer les principes sur lesquels nous sommes d'accord, c'était marquer le but que nous entendons poursuivre. Ces principes sont ceux que nos pères ont élaborés et proclamés il y a un siècle, et dont il convient seulement, aujourd'hui, de reviser les formules en faisant, à notre tour, une déclaration des droits de l'homme et du citoyen. Nous voulons reprendre la tradition de la Révolution française, qui s'arrête au crime du 18 brumaire et qui fut alors remplacée par une tradition réactionnaire, monarchiste, aujourd'hui encore subsistante dans nos institutions et dans nos lois. Répudiant la politique de compétitions et d'appétits, nous voulons une politique de principes. Nous voulons des réformes politiques et sociales mûrement étudiées. Nous ne voulons pas de précipitation dans la marche en avant ; mais nous ne voulons pas, non plus, de piétinement sur place. Nous voulons, enfin, que la démocratie soit une réalité, qu'elle soit féconde en résultats pour l'amélioration matérielle, intellectuelle et sociale de la nation.

PROGRAMME

————◆————

Les citoyens fondateurs de la **Ligue de la Démocratie radicale socialiste** du département de la Seine et ceux qui y adhéreront,

Considérant que le *programme minimum* ci-dessous est immédiatement applicable, s'engagent à en poursuivre la réalisation :

Liberté
- Souveraineté du peuple.
- Décentralisation.
- Séparation des églises et de l'État.

Égalité
- Des charges
  - *Impôt.*
  - *Service militaire.*
- Des droits..
  - *Réforme de la justice.*
  - *Réforme de l'instruction*

Fraternité
- Tutelle de l'enfance abandonnée.
- Retraite de l'invalide.
- Patronage de l'incapable.
- Équilibre entre les facteurs du travail.

En conséquence, ont été adoptés les statuts constituant l'organisation de la **Ligue**, et dont la teneur suit :

STATUTS

ARTICLE PREMIER

La Ligue se compose de groupes d'arrondissements pour Paris et de groupes cantonaux pour la banlieue.

Il y a un groupe par arrondissement urbain ou par canton suburbain.

ART. 2

Chaque groupe est formé de citoyens domiciliés dans l'arrondissement ou le canton, et y exerçant leurs droits politiques.

ART. 3

Chaque groupe est formé, à l'origine, par les délégués nommés à cet effet par l'Assemblée générale des fondateurs, lesquels délégués doivent remplir les conditions spécifiées à l'article précédent.

Les premiers nouveaux membres des groupes, jusqu'à concurrence du nombre fixé par l'article 5, doivent être agréés à l'unanimité par les délégués.

ART. 4

Tout nouvel adhérent doit écrire et signer son acceptation du programme et des statuts de la Ligue.

ART. 5

Lorsque les délégués se seront adjoint des adhérents complétant avec eux le nombre de vingt membres, ils constitueront ensemble le groupe définitif.

ART. 6

Chaque groupe définitif s'organise à sa convenance, à la condition toutefois de désigner un secrétaire et un trésorier, élus pour une année.

ART. 7

Chaque groupe est représenté à la Délégation centrale de la Ligue par quatre de ses membres élus à cet effet.

Au delà de quatre-vingts et jusqu'à cent vingt membres, le groupe a droit à un représentant supplémentaire, et ainsi en suivant, de manière à avoir un représentant de plus par chaque nouvelle série ou fraction de série de quarante membres.

A partir de 1887, ces représentants seront élus pour une année dans le courant du mois de janvier.

Art. 8

Dès qu'un groupe est constitué et a nommé ses représentants, les délégués originairement chargés de sa formation en avisent la Commission provisoire nommée par l'Assemblée générale des fondateurs, ou la Commission définitive nommée par la Délégation centrale ainsi qu'il est dit en l'article 11 ci-après.

Cet avis doit faire connaître par leurs noms, prénoms, professions et adresses, tous les membres qui composent le groupe. Il doit également indiquer le secrétaire, le trésorier et les représentants du groupe à la Délégation centrale.

Après toute élection nouvelle, semblable notification doit en être faite à la Commission centrale permanente.

Art. 9

Le nombre des membres de chaque groupe n'est pas limité.

Après la constitution du groupe, tout nouvel adhérent doit être présenté par deux membres. L'admission est prononcée à la majorité des deux tiers des membres votants.

Dans le mois de l'admission, le secrétaire du groupe fait connaître au secrétaire de la Commission centrale les nom, prénoms, profession et domicile de chaque membre nouvelle ment admis.

Art. 10

Lorsque quinze groupes, au moins, se seront constitués et se seront fait connaître comme il est dit en l'article 8, la Commission provisoire convoquera leurs représentants en délégation centrale.

Art. 11

La Délégation centrale nomme, à titre définitif, une Commission permanente composée de membres pris dans son sein.

Le nombre des membres de cette commission, qui doit être divisible par trois, doit se rapprocher de celui des groupes représentés. Il sera porté à trente, quand l'organisation de la Ligue s'étendra aux vingt arrondissements de Paris et aux huit cantons suburbains.

Ces commissaires sont élus pour trois ans, renouvelables par tiers et rééligibles à l'expiration de leur mandat.

A l'origine, il en est élu le nombre résultant de la proportion qui vient d'être déterminée; et le sort désigne ceux qui devront sortir à la fin de la première, de la seconde et de la troisième année.

ART. 12

La Délégation centrale se réunit dans la première quinzaine de février pour procéder au renouvellement par tiers des membres de la Commission permanente; apurer les comptes de l'exercice écoulé; statuer sur ce qu'il appartient; et enfin pour délibérer en dernier ressort sur les questions mises à l'étude dans les différen s groupes.

Elle se réunit, en outre, sur l'initiative du Comité permanent, s'il le juge utile, ou lorsqu'il en est requis par le quart des représentants de groupes, et ce pour une proposition déterminée.

La Délégation centrale élit pour chacune de ses séances son bureau composé d'un président, de deux assesseurs et d'un secrétaire.

ART. 13

La Commission permanente est chargée de pourvoir à l'exécution des décisions prises par la Délégation centrale, de correspondre avec les groupes et de préparer la mise à l'étude de toutes les questions.

Aussitôt après son renouvellement annuel, elle fait choix de trois de ses membres, qui forment un comité de vigilance ayant pour mission de veiller aux intérêts de la Ligue, d'aviser aux mesures urgentes et de réunir extraordinairement, s'il y a lieu, la Commission permanente.

A la même époque, elle élit, parmi ses membres, un secrétaire et un trésorier.

ART. 14

Tout membre de la Ligue est tenu originairement au versement d'une somme de deux francs, et contribue, en outre, aux dépenses communes par une cotisation annuelle de six francs, payable par trimestres anticipés.

Une moitié des sommes ainsi perçues est versée à la caisse centrale par le trésorier de chaque groupe ; l'autre moitié est affectée aux dépenses du groupe.

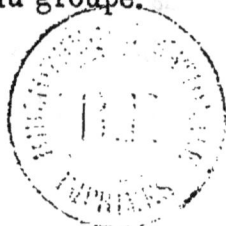

www.ingramcontent.com/pod-product-compliance
Lightning Source LLC
Chambersburg PA
CBHW060736280326
41933CB00013B/2658